LE CORDON BLEU

CUISINE ITALIENNE

KÖNEMANN

sommaire

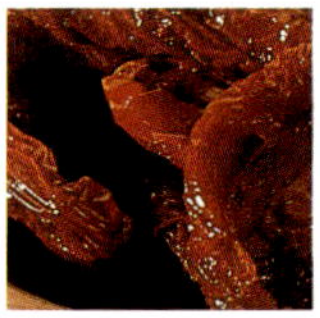

facile · demande un peu d'attention · difficile

Minestrone

Cette soupe de légumes varie selon les produits de la saison et de la région. Elle est très consistante car elle se prépare avec du riz ou des pâtes et des haricots secs.

Préparation ***45 minutes + 1 nuit de trempage***
Cuisson ***2 heures 20 minutes***
Pour 6 à 8 personnes

250 g de haricots secs (haricots rouges)
150 g de porc salé ou de lard coupé en dés
2 cuil. à soupe d'huile d'olive
1 gros oignon haché
2 carottes coupées en dés
2 pommes de terre coupées en dés
1 branche de céleri coupée en dés
2 gousses d'ail hachées
1 cuil. à soupe de concentré de tomates
3 litres de bouillon de bœuf ou d'eau
1 bouquet garni
1/4 de chou coupé en tranches fines
150 g de macaroni ou autres petites pâtes
Parmesan râpé, pour servir

1 Recouvrir les haricots d'eau froide et laisser tremper 8 heures ou toute une nuit. Égoutter et verser dans une grande casserole avec 2 litres d'eau et laisser mijoter pendant 1 heure et demie, jusqu'à ce qu'ils soient bien tendres.

2 Pendant ce temps, mettre le porc salé ou le bacon dans une autre casserole et recouvrir d'eau froide. Porter à ébullition, égoutter et faire refroidir dans de l'eau froide. Faire sécher sur des essuie-tout. Faire chauffer l'huile dans une grande casserole à fond épais et faire revenir le porc salé ou le bacon à feu moyen pendant 3 minutes. Ajouter les oignons, les carottes, le céleri et l'ail et continuer à feu doux pendant 5 minutes pour les ramollir sans les faire dorer. Ajouter le concentré de tomates et continuer la cuisson pendant 3 minutes. Ajouter le bouillon et faire mijoter pendant 10 minutes, en dégraissant la surface de temps en temps. Ajouter le bouquet garni et le chou. Faire mijoter pendant 5 minutes. Enlever du feu et laisser de côté.

3 Égoutter les haricots et ajouter à la soupe. Remettre au feu et laisser mijoter pendant 10 minutes. Ajouter les pâtes et faire cuire 15 minutes. Vérifier l'assaisonnement et enlever le bouquet garni. Servir et saupoudrer l'assiette de parmesan râpé.

Salade aux artichauts, aux épinards et aux pignons

Cette salade très rafraîchissante se sert en entrée, pour accompagner un plat ou comme plat principal, pour un déjeuner d'été.

Préparation **40 minutes**
Cuisson **30 minutes**
Pour 4 personnes

4 gros artichauts frais
Jus de 2 citrons
150 g de petites feuilles d'épinards
80 g de pignons grillés
2 cuil. à soupe d'huile d'olive
40 g de parmesan râpé
16 olives noires coupées en deux et dénoyautées

1 Verser le jus de citron dans une grande casserole d'eau bouillante et y plonger les artichauts frais (voir page 63, *Techniques du chef*). Lorsqu'ils sont cuits et préparés, les couper en morceaux et couvrir.

2 Mettre les feuilles d'épinards et les pignons dans un grand bol. Mélanger l'huile d'olive, 1 cuil. à soupe de jus de citron et du poivre noir fraîchement moulu, à volonté. Verser cette sauce sur les feuilles d'épinards. Répartir les morceaux d'artichauts dans quatre bols et disposer les épinards au milieu. Garnir de quelques olives noires et saupoudrer de parmesan.

Potage aux courgettes et à l'ail

Ce potage se prépare avec deux têtes d'ail. Cela peut paraître un peu trop parfumé, mais à la cuisson, il devient crémeux et sa saveur est beaucoup moins forte que lorsqu'il est cru.

Préparation **35 minutes**
Cuisson **1 heure 15 minutes**
Pour 4 à 6 personnes

Huile d'olive, pour la cuisson
1 oignon finement haché
2 têtes d'ail épluchées et coupées en tranches fines
2 pommes de terre pelées, coupées en fines lamelles
2 litres de bouillon de poulet ou 2 litres d'eau
2 courgettes
1 cuil. à soupe de basilic frais finement haché

1 Faire chauffer 4 cuil. à soupe d'huile d'olive dans une grande casserole à fond épais et faire dorer l'oignon et l'ail, à feu moyen, de 5 à 10 minutes. Ajouter les pommes de terre et faire cuire 2 minutes de plus, en remuant constamment. Ajouter le bouillon, assaisonner de sel et de poivre à volonté et laisser mijoter pendant 30 minutes. Laisser légèrement refroidir.

2 Couper le bout des courgettes et les trancher en quatre, dans la longueur, puis en petits morceaux.

3 Réduire la soupe en purée à l'aide d'un mixeur. Lorsqu'elle est bien onctueuse, la remettre dans la casserole et porter à ébullition. Écumer la mousse à la surface de la soupe, si nécessaire, puis ajouter les courgettes et les faire cuire de 20 à 25 minutes, jusqu'à ce qu'elles soient tendres. Juste avant de servir, ajouter le basilic et vérifier l'assaisonnement. Garnir de quelques feuilles de basilic au moment de servir.

Fritto misto à la mayonnaise à l'ail

Il existe de nombreuses façons de préparer ce mélange de fruits de mer et de poissons typiquement italien. Dans cette recette, on les fait paner avant de les faire dorer dans une huile bien chaude.

Préparation **1 heure**
Cuisson **20 minutes**
Pour 6 personnes, comme entrée ou 2 comme plat principal

2 échalotes finement hachées
150 ml de vin blanc sec
1 feuille de laurier
1 brin de thym frais
300 g de moules nettoyées et ébarbées
150 g de calmar
Huile, pour la friture
4 œufs légèrement battus
90 g de farine assaisonnée de sel et de poivre
200 g de chapelure
150 g de filet de sole, de carrelet ou de flet, coupé en lamelles
150 g de filet de morue ou d'élingue, coupé en morceaux
185 g de mayonnaise
1 cuil. à soupe de yogourt nature
2 gousses d'ail finement hachées
Persil frais et quartiers de citron, pour garnir

1 Mettre les échalotes, le vin, les feuilles de laurier et le thym dans une grande casserole, couvrir et porter à ébullition. Ajouter les moules, (jeter toutes celles qui sont déjà ouvertes), couvrir et faire cuire à feu moyen pendant 2 minutes en remuant la casserole de temps en temps. Lorsque les moules sont ouvertes (jeter celles qui ne le sont pas), égoutter et décortiquer.

2 Pour préparer le calmar, couper les tentacules et enlever la peau et la partie cornée (la plume). Rincer, égoutter, faire sécher et couper en anneaux.

3 Remplir une grande casserole à fond épais d'un tiers d'huile et faire chauffer à 190°C. Mettre l'œuf, la farine et la chapelure dans trois bols séparés. Passer le poisson, les moules et le calmar dans la farine, enlever l'excédent et plonger dans l'œuf avant de passer dans la chapelure. Enlever l'excédent de chapelure. Plonger ensuite dans l'huile bouillante, par petites quantités et faire dorer. Égoutter sur des essuie-tout chiffonnés et saupoudrer légèrement de sel. Pour les garder chaud quelques minutes, les poser sur une grille et mettre au four chaud, sans les couvrir.

4 Pour préparer la sauce à l'ail, mettre la mayonnaise, le yogourt et l'ail dans un bol et servir avec les fruits de mer et le poisson. Garnir de persil et de quartiers de citron.

Crostini à la tapenade

Les crostini sont des petits croûtons que l'on mange avec de la soupe, des légumes ou une salade composée. Dans cette recette, on les tartine d'une fine couche de tapenade.

Préparation **15 minutes**
Cuisson **25 minutes**
Pour environ 60 croûtons

1 baguette
Huile d'olive, pour faire griller le pain
60 g d'olives noires dénoyautées
1 petite gousse d'ail
8 filets d'anchois

1 Préchauffer le four à 180°C (thermostat 4). Couper le pain en fines tranches. Verser un peu d'huile dans une grande casserole pour en recouvrir le fond. Faire chauffer doucement. Faire frire le pain de chaque côté, par petites quantités à la fois, puis disposer sur une plaque. Faire cuire au four, jusqu'à ce que les deux côtés soient dorés. Enlever du four et laisser refroidir à température ambiante.

2 Pour préparer la tapenade, mettre les olives, l'ail et les filets d'anchois dans un mixeur et en faire une pâte assez molle pour pouvoir l'étaler facilement. Ajouter un peu d'huile d'olive si la pâte est trop sèche. Assaisonner de poivre noir moulu, mais ne pas saler car les anchois le sont suffisamment. Étaler la tapenade sur les crostini.

Roulés de prosciutto au jambon fumé et à la moutarde

Simples à préparer, mais pleins de saveur, ces petits amuse-gueule sont idéals pour accompagner les cocktails.

Préparation **15 minutes + 10 minutes de réfrigération**
Cuisson **5 minutes**
Pour environ 35 roulés

100 g de chutes de jambon fumé
60 g de mayonnaise
1 cuil. à soupe de moutarde de Dijon
100 g de prosciutto en tranches
3 petits pains rassis
Cerfeuil frais, pour garnir

1 Pour préparer la garniture, passer le jambon au mixeur, ajouter la mayonnaise et la moutarde. Assaisonner de sel et de poivre noir fraîchement moulu et mixer.

2 Disposer les tranches de prosciutto sur un rectangle de plastique en les faisant se chevaucher, et étaler le mélange dessus, avec le dos d'une cuillère. Enrouler le prosciutto dans la longueur et mettre au freezer pendant 10 minutes pour affermir.

3 Couper les petits pains en tranches fines et les faire dorer. Couper les roulés de prosciutto en tranches fines et les disposer sur les tranches de pain. Garnir d'un brin de cerfeuil.

Crostini à la tapenade (en haut) et Roulés de prosciutto au jambon fumé et à la moutarde.

Gnocchi à la romaine

Ces gnocchi sont à base de semoule, mais on peut aussi les préparer à base de pommes de terre ou de potiron. On les sert en entrée ou comme plat principal, avec une salade verte.

Préparation ***35 minutes + 30 minutes pour laisser refroidir***
Cuisson : ***2 heures 20 minutes***
Pour 4 personnes comme entrée

40 g de beurre doux
60 g de lard coupé en dés
1 petit oignon haché
1 petite carotte hachée
2 cuil. à soupe de concentré de tomates
1 cuil. à soupe de farine
500 g de tomates épluchées, épépinées et hachées
1 bouquet garni
4 gousses d'ail hachées
500 ml de bouillon de poulet ou d'eau

GNOCCHI
500 ml de lait
60 g de beurre doux
150 g de semoule très fine
30 g de farine
2 cuil. à soupe de crème fraîche épaisse
1 œuf
2 jaunes d'œufs
4 cuil. à soupe de parmesan finement râpé
80 g de beurre doux fondu

1 Préchauffer le four à 180° (thermostat 4). Faire fondre le beurre dans un plat résistant à la chaleur, faire dorer le lard. Ajouter l'oignon et la carotte et faire cuire pendant 3 minutes. Ajouter le concentré de tomates et continuer la cuisson pendant 2 minutes. Parsemer de farine et mettre au four pendant 5 minutes. Ensuite incorporer délicatement la farine. Ajouter la tomate, le bouquet garni et l'ail et remettre sur le feu. Faire cuire pendant 5 minutes en remuant. Ajouter le bouillon et faire cuire pendant 2 minutes. Couvrir et faire cuire au four pendant 1 heure. Filtrer dans un tamis et recueillir la sauce dans une casserole propre. Porter à ébullition et écumer si nécessaire. Faire épaissir à feu doux pendant 20 minutes et assaisonner de sel et de poivre, à volonté. Garder chaud.

2 Pour préparer les gnocchi, porter le lait et le beurre à ébullition dans une casserole. Ajouter la farine et la semoule et remuer à feu doux, jusqu'à ce que le mélange soit homogène. Continuer la cuisson pendant 5 minutes, en remuant, jusqu'à ce que la pâte se décolle des parois de la casserole. Enlever du feu, ajouter la crème, l'œuf, les jaunes d'œufs et la moitié du parmesan. Remuer pour obtenir une consistance onctueuse. Assaisonner à volonté et étaler sur une plaque tapissée de papier sulfurisé, sur une épaisseur de 1 cm. Laissez refroidir 30 minutes, puis découper des petits disques de 4 cm de diamètre à l'aide d'un emporte-pièce humide. Disposer ces petits disques sur un plat allant au four. Arroser de beurre fondu et saupoudrer du reste de parmesan. Faire cuire 20 minutes au four, pour faire dorer et servir avec la sauce tomate.

Tulipes au parmesan et caviar d'aubergines

La présentation de ce plat demande un peu de temps et de dextérité. Le résultat est impressionnant : couleurs et saveurs se fondent pour donner à ce hors-d'oeuvre une touche de grand art culinaire.

Préparation **25 minutes + 30 minutes de marinade + 1 heure de réfrigération**
Cuisson **1 heure**
Pour 10 tulipes

4 poivrons rouges
1 cuil. à café de jus de citron
4 cuil. à soupe d'huile d'olive
150 g de parmesan râpé

CAVIAR D'AUBERGINES
800 g d'aubergines
60 ml d'huile d'olive
50 g d'olives noires dénoyautées et hachées
1 gousse d'ail écrasée
10 g de ciboulette fraîche finement hachée
1/2 cuil. à café de paprika

1 Couper les poivrons en deux, épépiner et enlever la membrane blanche. Les disposer sur un plat, assaisonner de sel et de poivre noir fraîchement moulu. Mélanger l'huile et le jus de citron et en recouvrir les poivrons. Couvrir et laisser mariner entre 30 minutes et 2 heures. Préchauffer le four à 180°C (thermostat 4).

2 Pour préparer le caviar d'aubergines, couper les aubergines en deux, dans la longueur. Badigeonner chaque côté avec un peu d'huile d'olive et assaisonner de sel et de poivre. Les disposer sur une plaque et faire cuire 25 minutes au four, jusqu'à ce qu'elles soient ramollies. Égoutter et gratter la pulpe avec une cuillère. Hacher grossièrement et mélanger avec les olives, l'ail et la ciboulette, en réservant la ciboulette pour garnir. Bien mélanger avec une fourchette, presser l'aubergine contre les parois du bol pour les réduire en purée. Ajouter le reste d'huile d'olive lentement, en remuant avec une fourchette. Ajouter le paprika et assaisonner. Réfrigérer pendant 1 heure.

3 Pour préparer les tulipes de parmesan, tracer deux cercles de 10 cm de diamètre sur une feuille de papier sulfurisé et étaler sur une plaque. Parsemer le parmesan sur ces disques, en une couche assez épaisse et passer au four de 3 à 5 minutes, jusqu'à ce que des bulles apparaissent à la surface et que les bords soient dorés. Faire refroidir pendant quelques minutes et soulever avec une spatule. Les appliquer sur le goulot d'une bouteille pour former les pétales des tulipes, en repliant les bords, et les faire refroidir pour qu'ils gardent leur forme arrondie. Recommencer l'opération avec le reste du parmesan.

4 Préchauffer un gril, huiler et faire cuire les poivrons pendant 5 minutes de chaque côté, jusqu'à ce qu'ils soient tendres. Enlever la peau et couper les poivrons en lamelles. Déposer une cuil. à soupe de caviar d'aubergines dans chaque tulipe de parmesan et parsemer de ciboulette. Disposer les poivrons en croix autour des tulipes et servir.

Bruschetta au jambon de Parme, au gorgonzola et aux tomates séchées

Les bruschetta sont de fines tranches de pain grillé frottées d'ail.

Préparation **10 minutes**
Cuisson **5 minutes**
Pour 8 personnes

1 pain italien
2 gousses d'ail coupées en deux
60 ml d'huile d'olive vierge de qualité supérieure
8 morceaux de tomates séchées au soleil à l'huile d'olive
200 g de gorgonzola
4 tranches de jambon de Parme coupées en deux

1 Pour préparer les bruschetta, couper le pain en fines tranches et faire griller ou passer au gril ou au grille-pain. Frotter d'ail l'un des côtés des tranches de pain. Arroser d'huile d'olive et assaisonner de sel et de poivre noir fraîchement moulu.

2 Égoutter les tomates séchées au soleil, enlever les pépins et couper en fines lamelles. Répartir le fromage sur les bruschetta avec une spatule puis garnir de jambon de Parme et de lamelles de tomates. Assaisonner de poivre noir fraîchement moulu et servir.

Conseils du chef Si le gorgonzola est trop fort, utiliser un fromage plus doux et plus crémeux, comme le dolcelatte.

On peut aussi remplacer les tomates séchées au soleil par des tomates fraîches marinées avec de l'ail et des feuilles de basilic frais, hachées, dans du vinaigre balsamique. Égoutter et verser une cuillerée de marinade sur les tranches de bruschetta chaudes.

Salade de tomates au vinaigre balsamique

Le vinaigre balsamique utilisé dans cette salade est produit dans la région de Modène. Il donne à l'assaisonnement une délicieuse saveur aigre-douce.

Préparation ***15 minutes***
Cuisson ***Aucune***
Pour 6 à 8 personnes

1 gousse d'ail finement hachée
3 cuil. à soupe de vinaigre balsamique
125 ml d'huile d'olive vierge
6 tomates mûres
2 petites échalotes finement hachées
15 g de feuilles de basilic frais finement hachées
Feuilles de basilic, pour garnir

1 Mettre l'ail dans un petit bol. Ajouter une bonne pincée de sel et du poivre noir fraîchement moulu. Ajouter le vinaigre balsamique et verser l'huile en battant jusqu'à l'obtention d'une sauce épaisse et homogène.

2 Enlever la queue des tomates et les couper en fins quartiers ou en tranches. Saupoudrer un plat de sel et de poivre noir fraîchement moulu et disposer les tranches ou les quartiers de tomates dessus. Parsemer d'échalotes et de feuilles de basilic hachées. Arroser de vinaigrette et garnir de feuilles de basilic entières. Conserver au réfrigérateur jusqu'au moment de servir.

Conseil du chef Au contact du sel, les tomates commencent à perdre leur jus. Si elles sont préparées longtemps à l'avance, incliner le plat pour laisser échapper le jus, essuyer le bord et arroser de vinaigrette avant de servir.

Coquilles Saint-Jacques au prosciutto

Un plat tout simple dont les ingrédients pleins de saveur feront le régal et l'admiration de vos convives. Prenez soin de ne pas trop faire cuire le prosciutto, il serait trop salé.

Préparation ***20 minutes + 20 minutes pour refroidir***
Cuisson ***10 minutes***
Pour 4 personnes comme hors-d'œuvre

12 grosses coquilles Saint-Jacques
60 g de sucre
Zeste de 1/2 citron râpé
Brin de romarin frais
12 tranches de prosciutto
50 g d'olives noires dénoyautées et hachées
2 tomates olivettes pelées, épépinées et coupées en dés
40 g de câpres égouttées
1 gousse d'ail hachée
2 cuil. à soupe de ciboulette fraîches hachée
Huile d'olive

1 Si les coquilles Saint-Jacques sont dans leurs coquilles, les décortiquer en passant la lame du couteau entre la coquille et la chair. Les laver pour enlever le sable, ôter le petit boyau noir, la collerette et la barbe. Essuyer avec un essuie-tout.

2 Faire dissoudre le sucre dans une petite casserole contenant 100 ml d'eau et faire chauffer lentement, en remuant. Ajouter le zeste de citron et de romarin, continuer à feu moyen et faire bouillir pendant 2 minutes. Enlever du feu et laisser refroidir pendant 20 minutes.

3 Disposer le prosciutto sur une surface de travail. Badigeonner les coquilles Saint-Jacques de citron et de sirop de romarin. Garnir chaque tranche de prosciutto d'une coquille Saint-Jacques, enrouler et attacher avec une ficelle ou une petite broche.

4 Pour préparer le condiment, mélanger les olives, les tomates coupées en dés, les câpres, l'ail et 1 cuil. à soupe de ciboulette. Ajouter assez d'huile pour lier la sauce.

5 Badigeonner ces petits roulés d'huile d'olive et les faire dorer rapidement sous le gril préchauffé ou dans une poêle à revêtement non adhésif pendant 1 à 2 minutes de chaque côté. Enlever la ficelle ou la broche et servir avec une petite cuillerée de condiment.

Conseils du chef Cette recette peut se préparer avec un morceau de lotte d'1 kg (demander au poissonnier de la préparer et de la couper en filets). Comme pour les coquilles Saint-Jacques, badigeonner la lotte de sirop de romarin et l'envelopper dans le prosciutto. La faire dorer sous le gril ou la faire cuire dans une poêle à revêtement non adhésif, puis continuer la cuisson au four à 200°C (thermostat 6) de 5 à 8 minutes. Couvrir de papier d'aluminium et laisser reposer pendant 5 minutes avant de couper en tranches.

Raviolis aux champignons, à la crème au romarin et à l'ail

C'est un plat idéal pour les déjeuners légers ou comme entrée. La crème onctueuse et parfumée donne aux raviolis garnis de champignons une saveur exquise.

Préparation **1 heure + 20 minutes pour laisser refroidir**
Cuisson **45 minutes**
Pour 4 personnes, en entrée

RAVIOLI
100 g de farine
1 pincée de sel
1 cuil. à café d'huile
1 œuf légèrement battu

GARNITURE
Huile d'olive, pour la cuisson
2 échalotes finement hachées
150 g de champignons de Paris hachés
2 cuil. à soupe de chapelure
10 g de cerfeuil, de thym, de persil et de basilic hachés

500 ml de bouillon de poulet
8 gousses d'ail hachées grossièrement
1 gros brin de romarin coupé en morceaux
500 ml de crème fraîche épaisse

Œuf battu, pour glacer
Copeaux de parmesan, pour garnir

1 Pour préparer les raviolis voir *Techniques du chef*, page 62. Partager la pâte en deux avant de la passer dans la machine.
2 Pour préparer la garniture, faire chauffer de l'huile d'olive et y faire revenir les échalotes, à feu doux pendant 3 minutes. Ajouter les champignons et une grosse pincée de sel. Faire cuire, en remuant, pendant 10 minutes, jusqu'à ce que l'eau ait complètement réduit. Assaisonner à volonté et ajouter la chapelure, les herbes et suffisamment d'huile pour lier le mélange.
3 Pour préparer la sauce, faire cuire le bouillon avec l'ail à feu vif pendant 20 minutes, jusqu'à l'obtention d'une consistance sirupeuse. Enlever du feu, ajouter le romarin et laisser refroidir pendant environ 20 minutes. Enlever le romarin, verser la sauce dans un mixeur et mixer pour obtenir un mélange onctueux. Égoutter dans une petite casserole, ajouter la crème et laisser mijoter pendant 5 minutes, pour faire épaissir, de sorte que la crème recouvre le dos d'une cuillère. Assaisonner et garder chaud.
4 Avec un emporte-pièce de 4 cm de diamètre, marquer l'empreinte des ravioli à la surface de la pâte. Disposer de la garniture au centre de chaque disque. Badigeonner d'œuf battu le pourtour de la garniture. Poser une autre bande de pâte dessus. Chasser l'air entre les deux couches de pâte et appliquer l'emporte-pièce circulaire pour les découper et bien les fermer.
5 Porter à ébullition une grande casserole d'eau salée et y plonger les ravioli. Laisser cuire de 2 à 3 minutes, pour qu'ils soient *al dente*. Égoutter et servir avec la sauce et les copeaux de parmesan.

Risotto aux fruits de mer

Ce plat de fruits de mer et de riz est un peu long à préparer, mais il mérite le temps passé devant les fourneaux.

Préparation **55 minutes**
Cuisson **1 heure 20 minutes**
Pour 8 personnes

500 g de moules
250 g de coquilles Saint-Jacques
500 g de crevettes crues
750 ml de vin blanc
1 oignon grossièrement haché
1 feuille de laurier
2 brins de thym frais
Huile d'olive, pour la cuisson
4 échalotes grossièrement hachées
1 branche de céleri grossièrement hachée
1 petite carotte grossièrement hachée
8 gousses d'ail grossièrement hachées
1 oignon finement haché
440 g de riz arborio
125 ml de crème fraîche épaisse
60 g de parmesan râpé
2 cuil. à soupe de persil frais, haché
Copeaux de parmesan, pour garnir

1 Gratter les moules, les ébarber et jeter les moules ouvertes. Laver les coquilles Saint-Jacques, bien les nettoyer pour enlever le sable et ôter la collerette et le petit boyau noir. Faire sécher sur un essuie-tout. Décortiquer et enlever le petit boyau noir des crevettes, conserver les têtes et les coques.

2 Dans une grande casserole contenant 500 ml de vin, mettre les moules, l'oignon grossièrement haché, la feuille de laurier et le thym. Porter à ébullition. Faire cuire pendant 5 minutes ou jusqu'à ce que les moules soient ouvertes. Jeter celles qui ne le sont pas et laisser refroidir. Passer le liquide de cuisson au tamis tapissé d'un linge humide.

3 Faire chauffer 4 cuil. à soupe d'huile d'olive dans une grande casserole et faire cuire les crevettes à feu vif pendant 2 minutes. Les enlever de la casserole avec une écumoire et les mettre dans un bol. Ajouter les coquilles Saint-Jacques et faire cuire pendant 2 minutes. Les sortir de la casserole avec l'écumoire et mettre dans le bol. Ajouter les têtes et les coques des crevettes et faire cuire de 2 à 3 minutes, jusqu'à ce qu'elles soient bien roses et les écraser avec une grosse cuillère ou une Moulinette. Ajouter les échalotes, le céleri, la carotte et la moitié de l'ail. Faire cuire pendant 2 minutes. Ajouter la sauce des moules et faire cuire pendant 15 minutes. Ajouter 500 ml d'eau, porter à ébullition et faire cuire pendant 10 minutes. Passer le liquide au tamis, en pressant les ingrédients solides pour en extraire le plus de saveur possible. Ajouter assez d'eau pour obtenir 1,75 litre de bouillon et remettre dans la casserole. Porter à ébullition, réduire le feu et laisser mijoter à feu très doux.

4 Faire chauffer environ 4 cuil. à soupe d'huile à feu moyen à doux, dans une grande casserole à fond épais. Faire cuire l'oignon finement haché de 3 à 5 minutes, jusqu'à ce qu'il soit translucide. Ajouter le riz et le reste d'ail et remuer avec une cuillère en bois pour que le riz soit bien recouvert d'huile. Faire cuire pendant 2 minutes et ajouter le reste du vin, en remuant constamment, jusqu'à ce que le riz ait absorbé tout le vin. Ajouter 250 ml de bouillon chaud, en remuant fréquemment jusqu'à ce que le liquide ait été presque entièrement absorbé avant d'ajouter à nouveau 250 ml de bouillon. Continuer à faire cuire de 30 à 35 minutes, jusqu'à ce que tout le bouillon soit absorbé et que le riz soit tendre. Ajouter la crème et le parmesan, goûter pour vérifier l'assaisonnement et retirer du feu. Ajouter les crevettes, les coquilles Saint-Jacques, les moules et le persil haché, et servir avec les copeaux de parmesan et des quartiers de citron sur le bord du plat.

Tagliatelles aux champignons sauvages et aux poireaux

Les pâtes fraîches ont une saveur incomparable. Mais si l'on manque de temps, on peut aussi utiliser des tagliatelles au blé dur, en paquet. Il en existe d'excellente qualité.

Préparation **45 minutes**
Cuisson **15 minutes**
Pour 4 personnes

PÂTES
300 g de farine
1 cuil. à café de sel
30 ml d'huile d'olive
3 œufs légèrement battus

60 g de beurre doux
200 g de champignons sauvages (cèpes, chanterelles ou pleurotes) coupés en tranches
3 échalotes hachées
Jus d'1/2 citron
20 g de persil frais haché
2 cuil. à soupe de xérès
8 petits poireaux ou des poireaux moyens coupés en tranches
200 g de beurre doux réfrigéré et coupé en cubes

1 Pour la préparation de la pâte voir *Techniques du chef*, page 62 et la partager en quatre avant de la passer à la machine pour obtenir une épaisseur très fine. Régler ensuite la machine pour découper des tagliatelles de 6 mm de largeur.

2 Faire chauffer le beurre dans une poêle, ajouter les champignons. Au moment où ils commencent à dorer, ajouter les échalotes et faire revenir de 2 à 3 minutes. Ajouter le jus de citron, le persil et le xérès. Assaisonner et garder chaud. Plonger les poireaux dans de l'eau bouillante salée, et faire cuire pendant 2 minutes. Égoutter.

3 Faire bouillir une demi-casserole d'eau et enlever du feu. Poser un bol résistant à la chaleur sur la casserole et le remplir de 100 ml d'eau bouillante. Ajouter les cubes de beurre, morceau par morceau. Enlever le bol et fouetter la sauce pendant 1 minute. Assaisonner à volonté, ajouter les poireaux, couvrir et garder chaud.

4 Faire cuire les pâtes dans l'eau bouillante salée pendant 2 minutes, jusqu'à ce qu'elles soient *al dente*. Égoutter et servir dans les assiettes. Ajouter les champignons aux échalotes et aux poireaux et arroser de sauce au beurre.

Conseil du chef Pour couper les tagliatelles à la main, il est recommandé de travailler la pâte et de la réfrigérer avant de la partager en quatre. Étaler chaque morceau en rectangles ou en cercles et rouler jusqu'à ce que la pâte soit très fine. La couper en fines lamelles avec un couteau très aiguisé. Étaler ces tagliatelles sur un torchon légèrement fariné et poser sur le dos d'une chaise jusqu'au moment de les faire cuire.

Escalopes de veau au parmesan

Dans ce plat originaire du nord de l'Italie, le parmesan relève la douce saveur du veau agrémentée de diverses herbes aromatiques.

Préparation **45 minutes**
Cuisson **1 heure 40 minutes**
Pour 4 personnes

1 kg de grosses tomates mûres
15 g de basilic frais
1 feuille de laurier
2 brins de thym frais
Huile d'olive, pour la cuisson
1 oignon finement haché
3 gousses d'ail finement hachées
4 escalopes de veau d'environ 120 g chacune
Farine assaisonnée de sel et de poivre, pour paner
2 œufs légèrement battus
155 g de chapelure
30 g de parmesan râpé
1 cuil. à soupe de persil frais, finement haché
120 g de beurre doux
250 g de mozzarella coupée en tranches

1 Faire une entaille en croix à la base de chaque tomate. Les plonger dans un bol d'eau bouillante pendant 10 secondes, puis dans de l'eau froide. Les peler à partir de l'entaille, les couper en deux, horizontalement, et épépiner avec le manche d'une petite cuillère. Hacher grossièrement.

2 Retirer les feuilles de la tige de basilic. Attacher la queue des feuilles de laurier et le thym pour en faire un bouquet. Dans une casserole, faire ramollir l'oignon pendant 5 minutes dans 4 cuil. à soupe d'huile d'olive préalablement chauffée. Ajouter les tomates, l'ail et le bouquet garni. Assaisonner, couvrir et laisser mijoter 20 minutes. Puis continuer la cuisson, sans couvrir, pendant 45 minutes. Enlever le bouquet garni et vérifier l'assaisonnement.

3 Avec un maillet à viande, réduire les escalopes à 2 mm d'épaisseur. Les recouvrir de farine et les plonger dans l'œuf battu.

4 Mélanger la chapelure, le parmesan et le persil dans un plat creux. Égoutter les escalopes et les recouvrir de chapelure en la pressant avec le bout des doigts pour la faire adhérer.

5 Préchauffer le four à 200°C (thermostat 6). Faire chauffer 125 ml d'huile dans une poêle à revêtement non adhésif. Ajouter la moitié du beurre. Dès qu'il commence à mousser, disposer deux escalopes dans la poêle et les faire dorer pendant 3 minutes de chaque côté, en les retournant seulement une fois. Faire égoutter sur un essuie-tout. Nettoyer la poêle avec un papier pour enlever l'excédent de beurre et les miettes de chapelure. Ajouter un peu de beurre ou d'huile et faire cuire les autres escalopes. Disposer sur un plat, recouvrir chaque escalope de mozzarella et passer 10 minutes au four, pour faire fondre le fromage. Arroser de sauce tomate et garnir de feuilles de basilic.

Cannelloni aux épinards

Les cannelloni peuvent être garnis au fromage, à la viande ou aux légumes. Dans cette recette, ils sont fourrés aux épinards, arrosés d'une sauce blanche bien crémeuse et dorés au four.

Préparation ***1 heure + 20 minutes de préparation***
Cuisson ***55 minutes***
Pour 8 à 10 personnes (voir Conseil du chef)

PÂTES
200 g de farine
1/2 cuil. à café de sel
20 ml d'huile d'olive
2 œufs légèrement battus

1 petit oignon piqué d'un clou de girofle
1 litre de lait
1 feuille de laurier
90 g de beurre doux
50 g de farine
1 cuil. à café de moutarde anglaise en poudre
1 gousse d'ail finement hachée
1 kg d'épinards hachés grossièrement
1 pincée de noix de muscade râpée
2 jaunes d'œufs
30 g de parmesan râpé
30 g de chapelure

1 Pour préparer les pâtes, voir *Techniques du chef*, page 62. Partager la pâte en deux avant de la passer à la machine. Étaler sur une surface farinée et couper en rectangles de 10 x 8 cm. En plonger quelques-uns à la fois dans de l'eau bouillante pendant une minute pour les ramollir. Sortir de l'eau à l'aide d'une écumoire et les rafraîchir à l'eau froide, pour arrêter la cuisson. Étaler sur un torchon pour les égoutter.

2 Porter le lait à ébullition avec l'oignon et la feuille de laurier, enlever du feu et filtrer. Faire fondre 50 g de beurre dans une casserole, enlever du feu et ajouter la farine en remuant. Faire cuire à feu doux pendant 1 à 2 minutes, enlever du feu et ajouter la moutarde. Assaisonner. Ajouter le lait chaud graduellement, en fouettant jusqu'à ce que le mélange soit onctueux. Remettre sur le feu et laisser mijoter en remuant pendant 10 minutes pour faire épaissir (le mélange doit recouvrir le dos d'une cuillère). Enlever du feu et recouvrir d'un papier sulfurisé beurré pour éviter qu'une peau ne se forme à la surface. Préchauffer le four à feu moyen (190°C, thermostat 5).

3 Faire fondre le reste du beurre à feu doux et faire ramollir l'ail sans le faire dorer. Ajouter les épinards, couvrir et laisser cuire à feu moyen jusqu'à ce que les feuilles soient flétries. Assaisonner de sel, de poivre et de noix de muscade. Égoutter et remettre dans la casserole. Ajouter les jaunes d'œufs, la moitié du parmesan et assez de sauce blanche pour lier le mélange.

4 Étaler les rectangles de pâte sur une surface de travail. Verser la garniture au centre et enrouler. Disposer ces cannelloni sur un plat et les recouvrir avec le reste de sauce. Saupoudrer d'un mélange de parmesan et de chapelure et faire cuire de 20 à 25 minutes au four, jusqu'à ce qu'ils soient bien dorés.

Conseil du chef Ce plat est un peu long à réaliser. Il est préférable d'en faire une quantité suffisante pour deux repas et en conserver la moitié au congélateur. Pour gagner du temps, on peut utiliser des cannelloni en paquet.

Osso buco

Pour cette spécialité milanaise, on utilise du jarret ou du gîte. Pour que la viande reste tendre, les morceaux doivent être découpés comme il est indiqué dans la recette. Ajouter deux os à moelle pour donner du goût.

Préparation **45 minutes**
Cuisson **2 heures 30 minutes**
Pour 4 personnes

4 morceaux de jarret découpés en cubes de 4 cm
Farine assaisonnée de poivre et de sel
Huile pour la cuisson
40 g de beurre doux
1 carotte coupée en rondelles
1 branche de céleri coupée en rondelles
1 oignon émincé
4 gousses d'ail hachées
8 tomates pelées, épépinées et hachées
250 ml de vin blanc
1 bouquet garni
1 litre de bouillon de bœuf ou 1 l d'eau
2 cuil. à soupe de persil frais haché
Zeste d'1/4 d'orange, finement haché
Zeste d'1/4 de citron, finement haché

1 Préchauffer le four à 180°C (thermostat 4). Dégraisser et dénerver la viande, enlever la peau et recouvrir légèrement de farine assaisonnée. Faire chauffer un peu d'huile dans une poêle à revêtement non adhésif et faire brunir les morceaux de veau des deux côtés.

2 Faire fondre le beurre dans une cocotte et ajouter la carotte, le céleri et l'oignon. Faire cuire à feu moyen pendant 3 minutes, ajouter l'ail et bien mélanger, puis les tomates hachées et faire cuire 5 minutes de plus. Verser le vin blanc et ajouter le bouquet garni. Continuer la cuisson pendant 5 minutes avant d'ajouter le bouillon et la viande. Dès que le bouillon commence à frémir, couvrir la cocotte et la mettre au four pendant 1 heure et demie jusqu'à ce que la viande soit cuite.

3 Sortir la viande de la cocotte et la disposer dans un plat, couvrir et garder chaud. Remettre la cocotte sur le feu et porter à ébullition. Écumer la graisse ou la mousse qui s'est formée à la surface et faire cuire de 20 à 25 minutes, jusqu'à ce que la sauce épaississe et recouvre le dos d'une cuillère. Ajouter le persil, l'orange et le zeste de citron et assaisonner à volonté. Laisser mijoter pendant 5 minutes et verser sur la viande. Servir immédiatement.

Conseil du chef Pour une saveur d'agrume moins forte, mettre le zeste dans une petite casserole et le recouvrir d'eau froide. Porter à ébullition pendant 30 secondes, passer et faire refroidir. Utiliser comme il est indiqué dans la recette.

Pâtes au prosciutto et au parmesan

*Le prosciutto et le parmesan sont
des ingrédients très salés,
il faut donc prendre garde à ne pas trop assaisonner la sauce.*

Préparation **20 minutes**
Cuisson **20 minutes**
Pour 4 personnes

3 cuil. à soupe d'huile d'olive
400 g de farfalle (papillons)
1 gros oignon finement émincé
200 g de champignons de Paris coupés en tranches fines
3 courgettes coupées en bâtonnets
1 grosse gousse d'ail hachée
150 g de prosciutto coupé en lamelles
300 ml de crème fraîche
100 g de parmesan râpé
Feuilles de basilic, pour garnir

1 Faire bouillir une casserole d'eau remplie aux deux tiers. Ajouter une bonne pincée de sel et 1 cuil. à soupe d'huile d'olive. Plonger les pâtes dans l'eau bouillante, remuer avec une fourchette et faire cuire comme indiqué sur le paquet, jusqu'à ce que les papillons soient *al dente*. Verser immédiatement dans la passoire, les faire refroidir sous l'eau froide et laisser égoutter.

2 Faire chauffer le reste d'huile d'olive dans une grande poêle, à feu vif. Lorsqu'elle est bien chaude, ajouter l'oignon, les champignons, les courgettes et l'ail, faire dorer pendant 2 minutes, et réduire le feu. Ajouter les lamelles de prosciutto, et faire frire pendant 2 ou 3 minutes. Ajouter la crème fraîche et continuer la cuisson pendant 2 minutes. Ajouter le parmesan, goûter et assaisonner d'un peu de sel et de poivre noir fraîchement moulu.

3 Verser les pâtes dans la poêle, mélanger et les faire réchauffer rapidement. Servir immédiatement. Parsemer de feuilles de basilic frais.

Escalopes de veau au citron et aux câpres

Une sauce au beurre, relevée par l'acidité des câpres et du citron, donne à ce plat une saveur typiquement italienne.

Préparation **20 minutes**
Cuisson **25 minutes**
Pour 4 personnes

4 escalopes de veau d'environ 125 g chacune
Farine assaisonnée de sel et de poivre
2 œufs battus
2 cuil. à soupe d'huile
40 g de beurre doux
250 ml de vin blanc
3 cuil. à soupe de câpres rincées et égouttées
250 ml de bouillon de poulet ou de veau
1 à 2 cuil. à soupe de jus de citron
125 g de beurre doux, réfrigéré et coupé en cubes

1 Avec un maillet à viande, réduire les escalopes à 3 mm d'épaisseur. Couper chaque tranche en trois et les recouvrir de farine. Mettre l'œuf battu dans un bol et ajouter 2 cuil. à soupe d'eau. Bien mélanger, plonger chaque morceau de viande dans l'œuf et égoutter légèrement.

2 Faire chauffer l'huile et le beurre dans une poêle à revêtement non adhésif. Faire dorer plusieurs escalopes à la fois, de 3 à 5 minutes sur chaque côté. Égoutter sur des essuie-tout, recouvrir et garder au chaud.

3 Jeter l'huile de la poêle, ajouter le vin et les câpres et faire cuire pendant 8 minutes, jusqu'à ce que le liquide soit presque entièrement évaporé. Ajouter le bouillon de poulet et faire réduire la sauce de moitié, pendant environ 5 minutes. Ajouter 1 cuil. à soupe de jus de citron et verser la sauce dans une petite casserole, en l'inclinant sur le côté. Ajouter les cubes de beurre et fouetter pour les faire fondre, mais sans faire bouillir. Ajuster l'assaisonnement et ajouter du citron si nécessaire. Mettre la viande dans la poêle, arroser de sauce, couvrir et laisser reposer 2 minutes avant de servir.

Foie de veau à la vénitienne

Dans cette recette vénitienne, le foie de veau, riche en fer, en protéines et en vitamines, est servi avec des oignons légèrement dorés.

Préparation **20 minutes**
Cuisson **30 minutes**
Pour 4 personnes

500 g de foie de veau
Huile végétale, pour la cuisson
250 g d'oignon finement émincé

1 Déveiner et dégraisser complètement le foie, enlever la peau et couper en fines lamelles.

2 Faire chauffer 2 à 3 cuil. à soupe d'huile dans une poêle à revêtement non adhésif et ajouter l'oignon et une grosse pincée de sel. Faire cuire à feu moyen de 20 à 30 minutes, jusqu'à ce que l'oignon soit ramolli et bien doré. Enlever de la poêle à l'aide d'une écumoire et laisser l'huile.

3 Ajouter un peu plus d'huile dans la poêle, si nécessaire, et faire chauffer jusqu'à ce que la fumée commence à s'en dégager. Faire revenir plusieurs morceaux de foie pour les faire brunir, pendant environ 1 minute. Remuer et continuer la cuisson pendant quelques minutes. Verser les morceaux dans une assiette chaude et assaisonner de sel et de poivre noir. Continuer à faire revenir le reste de la viande.

4 Remettre tous les morceaux de foie dans la poêle, ajouter l'oignon cuit et remuer pour bien mélanger, mais ne pas continuer la cuisson. Verser dans une assiette chaude et servir immédiatement avec des épinards cuits à la vapeur et du risotto.

Conseil du chef Pour garder sa saveur, le foie doit être frit très rapidement, dans une poêle bien chaude, car il a tendance à attacher. D'autre part, il ne sert à rien de vouloir faire frire trop de morceaux à la fois. Cela diminue la température de cuisson et le foie cuit dans son jus devient caoutchouteux.

IN ITALY
EXTRA VIRG

Lapin à la marjolaine et scones aux herbes

Le lapin est un des gibiers préférés des Italiens. Dans cette recette, il est cuit en cocotte et passé au four pour dorer les petits scones aux herbes fraîches qu'on lui a ajouté en dernière minute. Ces petits pains s'imbibent de sauce aromatisée à la marjolaine et au bon goût du lapin.

Préparation **40 minutes**
Cuisson **1 heure 30 minutes**
Pour 4 personnes

1 lapin d'1,25 kg coupé en 8 morceaux
Farine assaisonnée de sel et de poivre
Beurre ou huile, pour la cuisson
1 oignon finement haché
150 g de champignons de Paris coupés en tranches
1 cuil. à café de concentré de tomates
1 gousse d'ail hachée
500 ml de bouillon de poulet
8 tomates mûres, pelées, épépinées et hachées
1 cuil. à soupe de romarin frais, haché
2 cuil. à soupe de marjolaine fraîche, hachée
1 cuil. à soupe de persil frais, haché

SCONES AUX HERBES
250 g de farine avec levure incorporée
60 g de beurre doux, réfrigéré et coupé en cubes
1 cuil. à soupe d'herbes aromatiques fraîches, hachées (persil, marjolaine, thym ou romarin)
120 ml de babeurre
1 œuf battu

1 Fariner le lapin. Faire chauffer un peu de beurre ou d'huile dans une poêle et faire revenir les morceaux de viande. Enlever de la poêle et égoutter sur un essuie-tout. Ajouter l'oignon dans la poêle et le faire ramollir à feu doux. Ajouter les champignons et continuer la cuisson à feu vif. Ajouter le concentré de tomates et l'ail. Verser dans une cocotte, ajouter le lapin et assaisonner de sel et de poivre noir fraîchement moulu.

2 Verser le bouillon sur les morceaux de viande (ils doivent être à peine recouverts), et laisser mijoter doucement, pendant 30 minutes. Ajouter les tomates, faire cuire pendant 10 minutes, puis le romarin, la marjolaine et le persil. Vérifier que la viande est tendre et assaisonner à volonté.

3 Pour préparer les scones, préchauffer le four à 200°C (thermostat 6). Tamiser la farine et une grosse pincée de sel dans un grand bol. Ajouter le beurre et faire un sable, avec le bout des doigts. Ajouter les herbes, puis le lait. Travailler avec un couteau, jusqu'à ce que la farine soit incorporée et que la pâte ait une texture grossière. Verser sur une surface de travail farinée et former une boule lisse. Étaler avec un rouleau ou à la main pour obtenir une épaisseur de 1,5 cm. Travailler rapidement pour que la pâte puisse lever. Découper des petits disques de 4 cm de diamètre, badigeonner d'œuf et les disposer sur le lapin, dans la cocotte. Placer la cocotte en haut du four et faire cuire pendant 12 minutes, jusqu'à ce que les scones soient bien dorés.

Lasagnes

Bien qu'il soit plus rapide d'utiliser des lasagnes en paquet, rien ne peut remplacer la saveur et la texture de la pâte que l'on prépare soi-même.

Préparation ***1 heure + 20 minutes pour laisser reposer***
Cuisson ***2 heures 15 minutes***
Pour 10 à 12 personnes

Huile d'olive, pour la cuisson
1 kg de viande hachée de bœuf
1 gros oignon finement haché
8 gousses d'ail finement hachées
4 boîtes de 425 g de tomates italiennes, pelées, égouttées et réduites en purée au mixeur
125 ml de vin rouge
3 cuil. à soupe de concentré de tomates
4 brins de thym frais
1 feuille de laurier
650 g de ricotta
100 ml de crème fraîche épaisse
4 œufs
400 g de mozzarella coupée en tranches fines
50 g de parmesan finement râpé

PÂTES
400 g de farine
1 cuil. à café de sel
2 cuil. à soupe d'huile d'olive
4 œufs

1 Faire chauffer 2 cuil. à soupe d'huile dans une casserole. Ajouter le steak haché et faire dorer pendant 10 minutes, jusqu'à ce que l'eau rendue par la viande hachée se soit évaporée. Enlever la graisse, mettre la viande dans un bol et réduire le feu. Faire chauffer un peu d'huile dans la poêle et faire ramollir l'oignon pendant 5 minutes sans le faire dorer. Ajouter l'ail, les tomates, le vin, le concentré de tomates, le thym, la feuille de laurier et la viande. Faire mijoter de 45 minutes à 1 heure, jusqu'à ce que la sauce ait réduit de moitié.

2 Pour préparer la pâte, voir page 62, *Techniques du chef*. Partager la pâte en quatre avant de la passer à la machine. Égoutter la ricotta dans un tamis et la mélanger avec la crème et les œufs dans un grand bol. Assaisonner, couvrir et laisser de côté. Préchauffer le four à 190°C (thermostat 5).

3 Étaler la pâte pour obtenir une épaisseur de 1 à 2 mm et découper des rectangles de 10 cm de large sur 12 cm de long. Plonger deux ou trois rectangles à la fois dans de l'eau bouillante salée et les égoutter sur des essuie-tout.

4 Répartir 200 ml de sauce à la viande sur le fond d'un plat allant au four, d'une capacité de 3,5 litres. Recouvrir de rectangles de pâte puis étaler un tiers de crème à la ricotta. Recouvrir d'une autre couche de sauce à la viande et continuer avec les lasagnes, puis la ricotta et finir par une couche de sauce à la viande. Recouvrir de mozzarella et parsemer de parmesan. Faire cuire au four pendant 45 minutes, jusqu'à ce que le dessus soit bien doré. Laisser reposer 20 minutes avant de couper et servir chaud.

Poulet cacciatore

Ce poulet chasseur à l'italienne est arrosé d'une sauce tomate aux champignons, aux poivrons et aux oignons, parfumée aux herbes aromatiques.

Préparation **30 minutes**
Cuisson **1 heure**
Pour 4 personnes

3 cuil. à soupe d'huile d'olive
1 poulet d'environ 2 kg coupé en 8 morceaux
2 oignons moyens coupés en fines rondelles
1 gousse d'ail finement hachée
100 g de champignons de Paris coupés en tranches fines
1 petit poivron vert coupé en tranches fines
3 cuil. à soupe de concentré de tomates
185 ml de vin blanc sec
1 boîte de 400 g de tomates italiennes
1/2 cuil. à café de romarin séché
1/2 cuil. à café d'origan séché

1 Faire chauffer l'huile d'olive dans une grande poêle. Assaisonner le poulet de sel et de poivre et le faire frire pendant 5 minutes sur le côté de la peau et le retourner. Enlever et mettre de côté.

2 Ajouter l'oignon et faire cuire 5 minutes. Ajouter l'ail, les champignons et le poivron. Faire cuire environ 3 à 4 minutes, jusqu'à ce que les oignons soient dorés. Ajouter le concentré de tomates et continuer la cuisson pendant 1 à 2 minutes. Ajouter le vin, porter à ébullition en remuant constamment et ajouter les tomates. Remuer avec une cuillère en bois. Parsemer de romarin et d'origan et remettre le poulet dans la poêle. Assaisonner de sel et de poivre, couvrir et laisser mijoter 20 minutes, en remuant de temps en temps.

3 Si le poulet n'est pas tout à fait cuit, couvrir à nouveau et faire cuire 10 minutes de plus. Verser dans un plat. Si la sauce est trop liquide, porter à ébullition sans couvrir, pendant 5 minutes. Assaisonner à volonté puis en arroser le poulet. Servir immédiatement.

Légumes méditerranéens aux galettes de polenta

La polenta est l'un des ingrédients les plus importants de la cuisine du nord de l'Italie. On la laisse refroidir avant de la couper en tranches, puis on la fait dorer dans du beurre fondu avant de la servir avec un plat de légumes méditerranéens.

Préparation **35 minutes + réfrigération**
Cuisson **1 heure**
Pour 6 personnes

560 ml de lait
210 g de polenta instantanée
35 g de beurre doux
35 g de parmesan râpé
1 petit poivron rouge coupé en deux et épépiné
1 petit poivron vert coupé en deux et épépiné
1 petit poivron jaune coupé en deux et épépiné
Huile d'olive et beurre, pour la cuisson
1 petite courgette coupée en cubes
1 petite aubergine coupée en cubes
1 petit oignon rouge coupé en cubes
120 g de tomates séchées au soleil coupées en cubes
4 gousses d'ail écrasées
30 g de tomates hachées en boîte, égouttées

ASSAISONNEMENT À LA MENTHE ET À LA PISTACHE
60 ml de lait
25 g de pistaches décortiquées et émondées
30 g de feuilles de menthe fraîche
50 ml d'huile de pistaches ou d'olive
1 gousse d'ail hachée

1 Porter le lait à ébullition dans une casserole haute et verser la polenta. Réduire le feu et faire cuire lentement pendant 5 minutes, en remuant de temps en temps, pour obtenir un mélange onctueux. Ajouter le beurre, le parmesan, le sel et le poivre, à volonté. Verser sur une plaque beurrée et étaler sur une épaisseur de 1,5 cm. Laisser refroidir et réfrigérer pour laisser prendre.

2 Badigeonner les poivrons d'huile et les mettre sous le gril, la peau vers le haut. Les enlever puis les enfermer dans un sac congélation ou les recouvrir d'un torchon pendant 5 minutes. Sortir les poivrons du sac, les peler et les couper en cubes.

3 Pour préparer l'assaisonnement, porter le lait à ébullition, enlever du feu et verser dans un mixeur avec les pistaches, la menthe, l'huile et l'ail. Mixer légèrement pour garder des petits morceaux de pistaches et de feuilles de menthe.

4 Faire chauffer un peu d'huile d'olive dans une grande poêle. Ajouter les légumes, les tomates séchées au soleil et l'ail. Faire cuire en remuant pendant 8 minutes, jusqu'à ce qu'elles soient bien tendres. Ajouter un peu d'assaisonnement et 20 g de tomates égouttées. Assaisonner et garder chaud.

5 Couper la polenta en petits disques de 8 cm à l'aide d'un emporte-pièce. Faire dorer les deux côtés dans un peu de beurre fondu. Servir les galettes de polenta dans les assiettes, les recouvrir de légumes et les arroser de sauce à la menthe et aux pistaches. Garnir l'assiette de tomates égouttées, de quelques feuilles de menthe et d'un peu de sauce.

1571

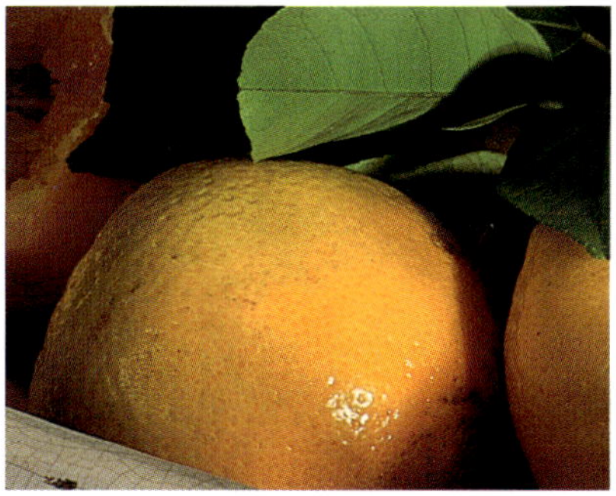

Gâteau sicilien au fromage

Ce gâteau originaire de Sicile est une génoise légère à la ricotta et aux agrumes, parfumée à la cannelle. C'est un délicieux dessert pour terminer un repas traditionnel italien.

Préparation ***30 minutes + 15 minutes pour laisser refroidir***
Cuisson ***1 heure 35 minutes***
Pour 10 personnes

GÉNOISE
3 œufs
90 g de sucre en poudre
90 g de farine
15 g de beurre doux, fondu et refroidi

600 ml de lait
100 g de vermicelle écrasé
100 g de sucre en poudre
6 œufs, jaunes et blancs séparés
400 g de ricotta
1 grosse pincée de cannelle en poudre
Zeste d'un citron râpé
60 ml d'eau de fleur d'oranger
125 g de zeste d'agrumes finement râpés
Zeste d'un citron coupé en fines lamelles
30 g de sucre glace, pour garnir

1 Préchauffer le four à 190°C (thermostat 5). Beurrer les côtés d'un moule à gâteaux à fond amovible de 23 cm de diamètre. Pour préparer la génoise, voir *Techniques du chef*, page 63 et verser la pâte dans le moule.

2 Faire cuire 20 minutes au four, jusqu'à ce que la génoise soit souple au toucher. Démouler sur une grille pour laisser refroidir. Trancher la croûte supérieure et inférieure de la génoise et garder ces deux disques pour la préparation d'un autre gâteau (un diplomate, par exemple). Remettre la génoise dans le moule.

3 Mettre le lait dans une casserole et porter à ébullition. Verser le vermicelle, une pincée de sel et 25 g de sucre en poudre. Faire mijoter pendant 25 minutes jusqu'à l'absorption du lait. Enlever du feu et laisser refroidir pendant 15 minutes environ. Ajouter les jaunes d'œufs. Battre légèrement la ricotta dans un bol avec la cannelle, le zeste de citron râpé, l'eau parfumée à la fleur d'oranger, les zestes d'agrumes et 50 g de sucre en poudre. Ajouter le mélange au vermicelle.

4 Fouetter les blancs d'œufs en neige, jusqu'à ce que des becs se forment au bout des fouets. Ajouter le reste du sucre en poudre et fouetter à nouveau pour obtenir une consistance épaisse et brillante. Incorporer les blancs au mélange à la ricotta et verser sur la génoise. Parsemer de lamelles de zestes de citron et faire cuire pendant 45 minutes, jusqu'à ce que le gâteau soit ferme. Laisser dans le moule pendant 5 minutes avant de démouler sur une grille et laisser refroidir complètement. (Le disque de génoise se trouve sur le dessus du gâteau). Saupoudrer de sucre glace pour servir.

Zuccotto

Le zuccotto est une génoise imbibée de liqueur, garnie de crème au chocolat, truffée de cerises et de noix, et nappée d'un fin glaçage au chocolat. Il fait partie de ces merveilleux gâteaux glacés italiens, dont les multiples parfums font de chaque bouchée un plaisir exquis.

Préparation **45 minutes + réfrigération**
Cuisson **30 minutes**
Pour 8 personnes

GÉNOISE
3 œufs
125 g de sucre en poudre
100 g de farine
25 g de cacao en poudre
25 g de beurre doux, fondu et refroidi

30 ml de marasquin ou de kirsch
30 ml de brandy
300 ml de crème fraîche épaisse
50 g de sucre glace
50 g d'amandes grillées et hachées (voir Conseils du chef)
50 g de noisettes grillées et hachées (voir Conseils du chef)
40 g de chocolat noir de qualité supérieure, haché
50 g de cerises confites, hachées
330 g de chocolat noir de qualité supérieure, fondu (voir Conseils du chef)
25 g de chocolat blanc

1 Préchauffer le four à 180°C (thermostat 4). Tapisser de film plastique un bol d'une capacité d'1 litre (si possible, utiliser un bol à fond en forme de dôme). Beurrer deux moules carrés, l'un de 25 cm de côté et l'autre de 15 cm et les tapisser de papier sulfurisé.

2 Pour préparer la génoise, voir *Techniques du chef*, page 63. Verser la pâte dans les deux moules préparés et faire cuire au four pendant 10 minutes, jusqu'à ce que les génoises soient fermes au toucher. Laisser refroidir sur une grille et enlever le papier sulfurisé.

3 Utiliser un objet circulaire comme une assiette, le fond d'un moule à fond amovible ou un moule à flan pour découper un disque de 25 cm de diamètre dans la génoise la plus grande. Découper un petit quartier, comme une portion de gâteau, pour rétrécir la taille de la génoise et afin de pouvoir l'insérer dans le fond du bol tapissé de film plastique. Appuyer légèrement pour la loger dans le fond du récipient et couper la partie de la génoise en trop. Dans la génoise de 15 cm de côté, découper un autre disque du diamètre du bol. Arroser les deux génoises du mélange de brandy et de liqueur.

4 Pour préparer la garniture, fouetter la crème et le sucre glace, jusqu'à ce que des becs se forment au bout des fouets. Répartir le mélange dans deux bols. Dans le premier bol, ajouter les noix, le chocolat haché et les cerises. Verser sur la génoise dans le fond du bol tapissé de film plastique, creuser le centre avec le dos d'une cuillère, et égaliser la couche de crème. Réfrigérer pendant 30 minutes pour laisser prendre.

5 Verser un tiers de chocolat fondu dans le second bol de crème fouettée (bien mélanger avec un peu de crème avant d'ajouter le reste de chocolat). Verser au centre du zuccotto et égaliser la surface avec une spatule. Appliquer le deuxième disque de génoise sur le dessus et réfrigérer pendant 30 minutes.

6 Retourner le bol sur une grille et démouler le zuccotto. Remuer le reste de chocolat fondu pour le faire refroidir légèrement. Verser sur le zuccotto et tapoter la grille pour que le chocolat recouvre entièrement le gâteau. Réfrigérer pour laisser prendre. Faire fondre le chocolat blanc. Avec une fourchette, déposer des filaments de chocolat blanc sur la surface du gâteau. Réfrigérer avant de servir.

Conseils du chef Pour griller les noisettes et les amandes, les répartir sur une grille et les faire griller au four à 180°C (thermostat 4), de 3 à 5 minutes. Attention de ne pas les faire brûler.

Faire fondre le chocolat au bain-marie.

Tiramisù

Les couches de biscuits à la cuillère trempés dans le café et le Kahlua, la crème au mascarpone et le cacao en poudre que l'on saupoudre généreusement à la surface de ce délicieux dessert lui ont donné sa réputation internationale.

Préparation **35 minutes**
Cuisson **Aucune**
Pour 4 à 6 personnes

3 jaunes d'œufs
120 g de sucre en poudre
180 g de mascarpone
300 ml de crème fleurette, à fouetter
3 cuil. à soupe de Kahlua
500 ml de café fort, refroidi
36 biscuits à la cuillère
Cacao en poudre, pour saupoudrer

1 Battre les jaunes d'œufs et le sucre jusqu'à ce que le sucre soit dissous et que le mélange soit léger. Ajouter le mascarpone et bien mélanger. Fouetter la crème jusqu'à ce que des becs se forment au bout des fouets. Incorporer délicatement au mascarpone et étaler en fine couche dans le fond d'un moule ovale de 35 cm.

2 Plonger les biscuits à la cuillère dans un mélange de Kahlua et de café et bien les imbiber sans toutefois les laisser trop longtemps dans le liquide. Répartir ces biscuits à la surface de la crème au mascarpone, dans la longueur du moule, en les resserrant les uns à côté des autres. Bien recouvrir la surface du moule, jusqu'aux bords, en cassant les biscuits pour suivre l'ovale du moule. Recouvrir d'une autre épaisseur de crème, puis d'une couche de biscuits disposés en travers du moule. Égaliser la dernière couche de crème et réfrigérer jusqu'au moment de servir. Saupoudrer généreusement de cacao en poudre et servir immédiatement. Il est préférable de préparer le tiramisù quelques heures avant de le servir pour lui donner plus de saveur.

Pêches en papillotes à la crème au mascarpone

L'arôme alléchant qui se dégage de ces petites papillotes laisse présager la saveur exquise de la pêche et du mascarpone, de la liqueur et de l'essence d'amandes.

Préparation **20 minutes**
Cuisson **20 minutes**
Pour 4 personnes

20 g de beurre doux
20 g de sucre en poudre
1 œuf légèrement battu
1 cuil. à soupe de farine
20 g d'amandes moulues
1 goutte d'essence d'amandes
2 pêches fraîches, épluchées et coupées en deux ou 4 moitiés de pêches en boîtes
10 g d'amandes effilées, grillées (voir Conseil du chef)
30 ml de Cointreau, de kirsch ou de Grand Marnier
Cannelle en poudre, pour saupoudrer

CRÈME AU MASCARPONE
250 g de mascarpone
125 ml de crème fraîche épaisse
2 cuil. à café de sucre en poudre
4 gouttes d'extrait de vanille
4 gouttes de Cointreau

1 Découper 4 disques de papier sulfurisé ou de papier d'aluminium, de 6 cm plus large que les moitiés de pêche. Préchauffer le four à 180°C (thermostat 4). Pour préparer la garniture aux amandes, battre le beurre et le sucre pour obtenir un mélange onctueux. Ajouter la moitié de l'œuf battu et battre pour bien incorporer. Ajouter la farine et continuer à battre jusqu'à ce que le mélange soit lisse et pâle. Ajouter les amandes en poudre et l'essence d'amandes et battre avec le reste d'œuf pour obtenir un mélange ferme.

2 Disposer en coupes les moitiés de pêche au centre de chaque disque. Verser la garniture aux amandes dans une poche munie d'une douille lisse et déposer un petit tas de pâte au centre des moitiés de pêche, à la place du noyau. Parsemer d'amandes effilées et arroser de liqueur. Saupoudrer d'une pincée de cannelle.

3 Replier le papier pour envelopper les moitiés de pêche et fermer la papillote. Disposer sur une plaque, la partie du papier repliée sur le dessus. Faire cuire au four pendant 15 minutes, jusqu'à ce que les papillotes soient bien gonflées. Servir dans le papier ou disposer les pêches sur des assiettes à dessert.

4 Pour préparer la crème au mascarpone, battre tous les ingrédients pour obtenir un mélange épais et lisse. Servir avec les pêches.

Conseil du chef Pour faire griller les amandes, les parsemer sur une plaque et les mettre au four à 180°C (thermostat 4) pendant 1 à 2 minutes, en prenant soin qu'elles ne brûlent pas.

Tarte aux noisettes et au chocolat

Une meringue aux noisettes grillées et une mousse au chocolat et aux noisettes garnissent cette tarte à la fois légère et raffinée.

Préparation **40 minutes + réfrigération**
Cuisson **20 minutes**
Pour 8 personnes

MERINGUE AUX NOISETTES
2 blancs d'œufs
60 g de sucre glace
60 g de noisettes légèrement grillées, moulues (voir Conseils du chef)

MOUSSE AUX NOISETTES
2 feuilles de gélatine (ou 1 cuil. à café de gélatine en poudre)
60 g de sucre en poudre
3 œufs
1 cuil. à soupe de cacao en poudre
150 g de chocolat noir amer de qualité supérieure
50 g de pâte à tartiner à la noisette et au chocolat
60 g de beurre doux, battu en crème
200 ml de crème fleurette, à fouetter

60 g de noisettes grillées, hachées (voir Conseils du chef)
Cacao en poudre et sucre glace, pour saupoudrer

1 Préchauffer le four à 160°C (thermostat 2-3). Pour préparer la meringue aux noisettes, tracer trois cercles de 20 cm de diamètre sur un papier sulfurisé et les disposer sur une plaque. Battre les blancs d'œufs en neige ferme avec le sucre. Incorporer les noisettes. Répartir le mélange sur les trois disques et l'étaler avec le dos d'une cuillère. Faire cuire au four pendant 7 minutes, jusqu'à ce que les meringues soient dorées et bien sèches. Laisser refroidir sur une grille.
2 Mettre la gélatine dans de l'eau froide. Verser le sucre dans une petite casserole contenant 30 ml d'eau et porter à ébullition. Faire bouillir pendant 6 minutes, jusqu'à ce que le sirop atteigne 118°C ou évaluer la température en versant une goutte de sirop dans de l'eau froide. Si elle devient molle et malléable, le sirop est prêt. Mettre les œufs dans un grand bol et commencer à fouetter. Verser sur le sirop en ébullition, entre le fouet et la paroi du bol. Fouetter constamment jusqu'à ce qu'un bec se forme lorsque l'on soulève le fouet.
3 Presser les feuilles de gélatine et faire fondre dans un bol au-dessus d'une casserole d'eau bouillante. Si la gélatine est en poudre, la délayer dans un peu d'eau. Verser la gélatine sur le mélange à l'œuf. Ajouter le cacao, le chocolat et la pâte au chocolat et aux noisettes. Bien fouetter. Ajouter le beurre et bien mélanger pour obtenir une pâte lisse et onctueuse. Fouetter la crème à moitié et l'incorporer dans le mélange. Réfrigérer pour faire épaissir.
4 Étaler une couche épaisse de mousse sur deux disques de meringue. Recouvrir le dessus et les bords du reste de mousse et faire des becs à l'aide de la lame d'un couteau. Réfrigérer. Recouvrir les bords de noisettes en les appuyant avec le bout des doigts et parsemer quelques noisettes sur le dessus. Saupoudrer de cacao et de sucre glace.

Conseil du chef Pour faire griller les noisettes, les répartir sur une plaque et les faire griller au four, à 180°C (thermostat 4), de 3 à 5 minutes, en prenant soin de ne pas les faire brûler.

Zabaglione et biscuits à la cuillère

Ce dessert doit être servi aussitôt qu'il est prêt. On le prépare en quelques minutes, si bien qu'il est idéal pour accueillir des amis arrivés à l'improviste.

Préparation **15 minutes**
Cuisson **20 minutes**
Pour 4 à 5 personnes

BISCUITS À LA CUILLÈRE
2 œufs, jaunes et blancs séparés
50 g de sucre en poudre
50 g de farine
Sucre glace, à saupoudrer

ZABAGLIONE
4 jaunes d'œufs
100 g de sucre en poudre
75 ml de Marsala

1 Préchauffer le four à 200°C (thermostat 6). Tapisser une plaque de papier sulfurisé.
2 Pour préparer les biscuits à la cuillère, fouetter les jaunes d'œufs et le sucre dans un bol pour obtenir un mélange crémeux et presque blanc. Dans un autre bol, fouetter les blancs en neige jusqu'à ce que des becs se forment au bout des fouets. Avec une grosse cuillère en métal ou une spatule en plastique, incorporer un tiers des blancs en neige dans les jaunes. Tamiser la moitié de la farine dans le mélange de jaunes d'œufs et remuer délicatement en incorporant un peu de blancs en neige. Recommencer avec le reste de la farine et le reste des blancs en neige. Ne pas trop travailler. Verser cette pâte dans la poche munie d'une douille lisse de 1 cm de diamètre et faire des bâtonnets de 8 cm de long, en les séparant bien les uns des autres, sur la plaque préparée. Saupoudrer de sucre glace tamisé et laisser à température ambiante pendant 5 minutes pour faire dissoudre le sucre et créer un effet perlé. Faire cuire 10 minutes, jusqu'à ce qu'ils soient dorés, sortir du four. Retirer les biscuits de la plaque en soulevant le papier sulfurisé et les poser à l'envers sur une assiette. Arroser le papier de quelques gouttes d'eau pour pouvoir le décoller facilement. Retourner les biscuits et laisser refroidir sur une grille.
3 Pour préparer les zabaglione, faire bouillir une demi-casserole d'eau et réduire le feu aussi bas que possible. Fouetter les jaunes d'œufs et le sucre dans un bol résistant à la chaleur jusqu'à ce que le mélange soit presque blanc. Ajouter le Marsala. Mettre le bol au-dessus de l'eau bouillante et fouetter jusqu'à ce que le mélange augmente de quatre fois son volume et qu'il soit ferme et mousseux. Verser dans quatre grands verres à vin et servir immédiatement avec les biscuits à la cuillère.

Conseil du chef Le zabaglione est un dessert rapide à préparer pour les amis arrivés à l'improviste. Si vous n'avez pas de Marsala, utilisez du madère.

Techniques du chef

Préparation des pâtes

Regarder attentivement la liste d'ingrédients indiqués dans chaque recette de pâte pour connaître la quantité de farine, de sel, d'huile d'olive et d'œufs. Les pâtes fraîches doivent être consommées le jour même de leur préparation.

Mettre la farine, le sel, l'huile d'olive et les œufs dans un robot et mixer par à-coups jusqu'à ce que le mélange forme un sable grossier.

Presser un peu de pâte entre le pouce et l'index pour vérifier qu'elle est bien lisse. Si elle ne l'est pas, continuer à mixer par à-coups.

Verser sur une surface farinée et travailler pendant 2 minutes pour former une pâte lisse et l'envelopper dans un film plastique. La réfrigérer pendant 20 minutes. Adapter la machine sur le bord d'une table.

Partager la pâte en deux ou quatre morceaux. Les recouvrir et travailler un morceau à la fois. Aplatir en rectangle et passer dans la machine, en la réglant au plus épais.

Replier le rectangle en trois et le repasser dans la machine, au plus épais. Recommencer dix fois de suite. Fariner la machine et la pâte légèrement pour qu'elle ne colle pas.

Sans la plier, continuer à passer la pâte à travers la machine en diminuant l'épaisseur, peu à peu. Recommencer avec les autres morceaux de pâte.

Pour les tagliatelles, ajuster l'intervalle des lames pour couper à la largeur indiquée. Passer chaque rectangle à travers les lames farinées. Les disposer en une seule épaisseur sur une serviette farinée et poser sur le dossier d'une chaise.

Pour préparer les lasagnes, couper des rectangles de la dimension indiquée dans la recette, les poser les uns à côté des autres sur un torchon et les recouvrir avec un autre torchon jusqu'au moment de les faire cuire.

Préparer les artichauts entiers

On peut faire cuire les artichauts entiers, comme sur la photo, ou seulement le cœur.

Couper la tige à la base pour entraîner un maximum de fibres.

Retirer les premières feuilles et plonger l'artichaut dans une casserole d'eau bouillante salée dans laquelle on a pressé le jus d'un citron. Poser une assiette dessus pour bien l'immerger et laisser mijoter de 20 à 30 min.

Vérifier qu'il est cuit en tirant une des feuilles. Si elle se détache facilement, l'artichaut est cuit. Couper le bout des feuilles.

Enlever les petites feuilles et le foin avec une cuillère. La base de l'artichaut est prête à être utilisée.

Génoise au beurre

Un peu de beurre fondu donne à la génoise une consistance plus moelleuse.

Fouetter les œufs et le sucre dans un grand bol, au-dessus d'une casserole d'eau bouillante, jusqu'à ce que le mélange soit léger et mousseux. Enlever le bol de la casserole et fouetter pour faire refroidir.

Incorporer la farine tamisée et le cacao en poudre dans le mélange, avec une grosse cuillère en métal. Ne pas trop travailler pour garder le volume.

Verser le beurre fondu, refroidi le long de la paroi du bol et l'incorporer délicatement, en prenant soin de bien garder son volume.

Les remerciements de Murdoch Books et *Le Cordon Bleu* s'adressent aux 32 chefs de toutes les écoles Le Cordon Bleu, notamment à :
Chef Cliche (MOF), Chef Terrien, Chef Boucheret, Chef Duchêne (MOF), Chef Guillut,Chef Steneck, Paris ;
Chef Males, Chef Walsh, Chef Hardy, Londres ; Chef Chantefort, Chef Bertin, Chef Jambert, Chef Honda, Tokyo ;
Chef Salembien, Chef Boutin, Chef Harris, Sydney ; Chef Lawes, Adelaide ; Chef Guiet, Chef Denis, Ottawa.
Leur expertise a permis la réalisation du présent ouvrage.

Managing Editor : Kay Halsey
Series Concept, Design and Art Direction : Juliet Cohen

L'éditeur et *Le Cordon Bleu* remercient Carole Sweetnam pour sa contribution à la réalisation de cette série.

Titre original : Le Cordon Bleu - Home Collection - Italian

Photo de couverture : Escalopes de veau au citron et aux câpres

Könemann Verlagsgesellschaft mbH
Bonner Str. 126, D 50968 Cologne

Traduction : Marie-Christine Louis-Liversidge, Paris
Réalisation : Studio Pastre, Toulouse
Lecture : Stéphanie Aurin, Ville d'Avray
Chef de Fabrication : Detlev Schaper
Impression et reliure : Sing Cheong Printing Co., Ltd.
Imprimé en Chine (Hong Kong)

ISBN 3-8290-0614-4

10 9 8 7 6 5

INFORMATION

NOTE : Les doses indiquées en cuillère à soupe correspondent à une contenance de 20 ml. Si la cuillère à soupe a une contenance de 15 ml, la différence restera minime dans la plupart des recettes. Pour celles qui exigent de la levure chimique, gélatine, bicarbonate de soude et farine, ajouter une cuillère à café supplémentaire pour chaque cuillère à soupe mentionnée.

IMPORTANT : Les effets causés par la salmonelle peuvent être dangereux, surtout pour les personnes âgées, les femmes enceintes, les enfants en bas âge et les personnes souffrant de déficience du système immunitaire. Il est conseillé de demander l'avis d'un médecin à propos de la consommation d'œufs crus.